JE SUIS CETTE FILLE SUR DIX.

C'est l'histoire d'une fille parmi tant d'autres atteinte d'endométriose. Nous sommes une sur dix à avoir cette maladie, à différents stades. Elle est peu connue alors qu'elle s'attaque à tant d'entre nous, si violemment, si tragiquement. Cela fait un peu plus de dix ans que je vis avec, sans parfois avoir réellement l'impression de vivre. J'écris ces mots avant tout pour moi, parce qu'ils me font du bien, car dans ces nuits interminables où je ne dors pas et où je souffre, ils sont comme un souffle d'apaisement.

QUI EST CETTE FILLE ?

Je me souviens parfaitement de ce jour, alors que j'ai toujours eu une mémoire légèrement défaillante. Ce jour où j'ai appris que ma vie allait changer à jamais. Je ne me rappelle plus de la date exacte, mais je me souviens qu'il faisait beau, le soleil m'éblouissait au travers des feuilles encore vertes des arbres d'un parc. Il y avait des enfants qui jouaient, qui riaient, mais j'avais l'impression de ne plus vraiment faire partie du même univers qu'eux. J'étais grise, figée, froide. Des larmes roulaient sur mes joues alors que je n'avais jamais réellement pleuré, en tout cas pas comme ça. Ma mère se tenait à mes côtés, je sentais qu'elle était aussi perdue que moi.

Comment en étions-nous arrivées là, elle et moi ?

Je venais d'apprendre que j'avais de l'endométriose, un stade avancé, et que je ne guérirais jamais. Je venais d'avoir dix-huit ans, comme dans la chanson. Nous étions dans la voiture familiale, garée devant un hôpital parisien. Quelques semaines plus tôt, j'avais fait l'examen qui avait révélé la maladie. D'aussi loin que je me souvienne, j'avais toujours souffert durant mes règles. Une douleur qui vrillait mes entrailles et me forçait à me couper du monde. J'ai vite assimilé cette douleur comme étant une partie de moi. J'ai compris très tôt ce que la souffrance pouvait faire à une personne ; la corrompre, la briser. Pourtant, ce n'était que le début de ma vie avec elle.

À partir de mes douze ans, je me suis plainte à mon médecin généraliste de grosses douleurs pendant mes règles. Je me souviens qu'il avait trois filles et que mon apitoiement le faisait sourire. Il ne souriait pas méchamment ni vicieusement, simplement je voyais dans ses yeux qu'il revoyait des scènes de crise chez lui, alors que ses filles se plaignaient de leurs propres règles. Il m'a donc dit ce que beaucoup d'autres après lui m'ont dit : « *C'est normal d'avoir mal pendant ses règles.* » À cette époque, ma mère s'est rendue involontairement complice de ce mensonge. Elle aussi avait beaucoup souffert à cause de ses règles, donc ma situation lui semblait plutôt normale. Elle me racontait qu'elle s'évanouissait en classe et qu'elle se tordait de douleur. J'étais donc comme elle, ni plus ni moins.

J'ai toujours eu peur des maladies, sans trop savoir pourquoi. L'idée de souffrir m'effraie, mais plus encore, c'est l'idée que la maladie isole qui me terrifie. Je me rappelle d'un film qui m'avait fortement traumatisée dans ma jeunesse, *Ben Hur*, où des malades de la lèpre vivaient misérablement dans des caves, rejetés par le monde, se déchirant dans le silence de leur solitude. La société avait peur d'eux, elle les avait bannis, proscrits. Ils souffraient dans leur chair et dans leur âme, étaient-ce encore réellement des êtres humains ? La maladie est quelque chose de hideux, de monstrueux. Elle est incontrôlable, impitoyable, elle fait souffrir, elle isole, elle mange des personnes tout entières. Alors quand on m'a dit qu'avoir mal pendant ses règles, c'était normal, j'étais presque soulagée. Ce n'était pas une maladie, c'était un fait connu. Que les femmes souffrent jusqu'à leur ménopause, ça me semblait incroyablement injuste, mais au moins, la société l'acceptait. Mon médecin m'a donné une quantité assez impressionnante d'anti-inflammatoires à prendre et nous n'en avons plus parlé pendant un moment. J'avais mal. Je n'allais pas à l'école. Mais c'était normal, acceptable. Plus tard, aux alentours de quatorze ans, je suis restée pendant près d'un mois à l'hôpital, d'abord à cause d'un problème de bras, ensuite à cause de mon mal-être général. Je me souviens, j'étais encore une enfant, alors on m'avait demandé de choisir de mettre une jolie image sur ma porte, pour me représenter. Je trouvais ça absurde, voire ridicule, mais je m'étais habituée à ce genre de choses venant de l'hôpital. Il y a peu de lieux plus absurdes pour moi, mais j'y reviendrai. Il y avait des princesses de dessins animés, des personnages de BD... J'ai choisi Madame Pourquoi, de la série des *Monsieur*

Madame de chez Hachette. Ça a amusé le médecin, qui me prenait déjà pour une adolescente névrosée et hypocondriaque. « *Pourquoi Madame Pourquoi ?* » Pourquoi j'avais mal ? Il avait fait son check-up habituel, j'avais passé un nombre incroyable de scanners et d'échographies, sans que l'on ne me trouve jamais rien. J'avais quelques nodules sur les ovaires, des kystes qui se formaient dans le follicule et qui grossissaient anormalement, mais visiblement rien qui justifiait que l'on s'inquiète. Mon père m'avait même dit « *Il n'y a pas un centimètre carré de ton corps qui n'ait pas été analysé, alors il va falloir te faire une raison.* » Pourtant, j'avais mal… J'avais si mal. Dans mon ventre, dans le haut de mes jambes. Je me souviens d'avoir eu mes règles à l'hôpital, je souffrais tant que j'ai demandé de l'aide, et on m'a rapporté une bouillotte. J'étais fatiguée, triste. Je perdais du poids, je n'avais plus envie de manger. Je tombais peu à peu en dépression. Mais je n'avais rien.

Alors il n'y avait qu'une seule conclusion possible : j'étais folle.

Après un mois à l'hôpital, la solution qu'on m'apporta fut d'aller voir un psychiatre. Après tout, j'étais légèrement surdouée, je ne serais pas la première à m'inventer des problèmes pour attirer l'attention. C'est amusant parce que, malgré leur volonté, à eux et à une partie de ma famille, de me faire croire que tout venait de ma tête, je n'y ai jamais vraiment cru. Pourtant, ils se sont donné les moyens de leur vendetta. « *Les douleurs peuvent être créées par le cerveau.* », « *C'est psychosomatique.* » J'ai entendu ce mot un millier de fois. Moi, j'étais folle oui, mais de rage. On ne me croyait pas. Pire, on commençait à se désintéresser totalement de ma souffrance. Si c'était dans ma tête, je n'avais plus le droit de me plaindre. Il suffisait que je le veuille pour aller mieux. J'étais simplement fainéante. Je me suis sentie si seule, à ce moment-là. C'est la première fois que j'ai réalisé que lorsqu'il s'agissait de souffrance, nous étions toujours seuls. On peut partager ses joies, ses peines… Mais la douleur ? Nous sommes toujours seuls avec elle et elle se joue de nous. Alors je me suis réfugiée dans des mondes imaginaires, pour m'échapper, fuir. Je lisais énormément, croyant aux destinées extraordinaires et aux héros sans failles. Je ne vais pas mentir : j'étais effectivement fragile psychologiquement, mais pas de la façon dont ils le voyaient. J'étais et je suis toujours une sorte de poétesse. L'un des poètes maudits de Verlaine. Ça peut prêter à sourire, mais je pense que c'est le mot qui me décrit le mieux. Je suis une illusionniste qui rêve debout. J'ai toujours été perdue dans un monde vaporeux, entre ce qui est et ce qui n'est pas, avec un amour prononcé pour les mots, leur musique. Je ne peux pas me suffire de la réalité, j'ai besoin d'autre chose. Je suis capable de me perdre dans des délires lorsque la société m'ennuie. Mon imagination a toujours été ma meilleure amie et ma meilleure défense. C'est une barrière contre la vie, qui peut être si hostile et froide. J'ai donc lu, beaucoup, peut-être un peu trop. Inlassablement, je continuais à avoir mal pendant mes règles, et graduellement, la douleur s'intensifia. Je restais parfois des heures entières à me tordre sur mon lit, perdant toute notion de la réalité. Je me souviens avoir murmuré un nombre incalculable de « *Que ça s'arrête, par pitié…* » J'ai même supplié Dieu, alors que je ne crois pas en lui. Je savais que généralement, la douleur intense, celle qui faisait de moi un animal blessé, durait quatre à cinq heures. Quand elle commençait, des larmes me montaient aux yeux, car je savais pertinemment que je n'avais aucune échappatoire. Je savais que ces longues heures de torture allaient me détruire, un peu plus chaque fois. Que j'allais y perdre une part de moi. Et chaque mois, ça recommençait. Je séchais beaucoup les cours, et pour ça, ma mère a été d'un grand soutien. Elle ne me forçait pas à affronter cette douleur en public. Elle comprenait que je ne pouvais simplement pas. En plus des douleurs liées à mon bas ventre, j'avais aussi systématiquement la diarrhée. Imaginez une adolescente devant plusieurs fois par semaine se précipiter aux toilettes pendant les cours pour évacuer sa peine. Malheureusement pour moi, je n'ai pas pu échapper aux moments de honte liés à l'endométriose bien longtemps... Car notre société aime que les choses soient dans l'ordre et que les gens collent à un moule qui lui permet de fonctionner. On ne peut pas rester enfermé chez soi indéfiniment, pas si on veut « réussir ». Combien de fois me suis-je retrouvée à courir jusqu'aux toilettes de la Gare de l'Est, où je prenais mon train, car mon ventre avait encore décidé de faire des siennes ? Combien de fois suis-je sortie des toilettes publiques sans oser regarder les personnes qui s'y trouvaient en même temps que moi ? Combien de fois ai-je senti mon ventre se tordre et mes jambes trembler dans ces lieux inhospitaliers ? Cinquante centimes pour avoir le droit de souffrir quelque part. Voilà le monde dans lequel nous vivons. J'ai fini par avoir peur de me déplacer. J'avais aussi mal parfois lorsque j'urinais et je sentais constamment une pression sur ma vessie. J'avais peur des voyages scolaires, des cours qui duraient trois heures, des fêtes chez des amis. Car j'avais toujours une chance sur deux pour que ça se passe mal. Je jetais cette fameuse pièce de cinquante centimes nécessaire pour aller aux toilettes en l'air et fermais les yeux en priant pour que ce coup-ci, j'ai de la chance. Pile ou face ? Est-ce que j'aurais mal ? Est-ce que je devrais faire semblant que tout va bien ? Est-ce que j'aurais la diarrhée ? J'ai pris l'habitude à ce moment-là de contrôler chaque jour, chaque heure de mon existence. J'étais en fin de collège et j'allais toutes les heures aux toilettes. Au cas où. Je prenais un médicament avant de faire un simple voyage. Je préférais être constipée que le contraire. Je me gavais d'anti-inflammatoires, de peur de souffrir.

Heureusement, tout n'était pas noir, j'étais très sociable et j'avais de bonnes notes. Je n'ai pas vécu ma scolarisation comme un chemin de croix, mais comme un moment agréable, un fleuve tranquille. Je m'y suis fait des amis que j'ai encore aujourd'hui. Je me suis beaucoup amusée. J'étais rebelle, insouciante, un peu chiante, mais marrante. Je faisais rire mes professeurs et j'étais souvent leur favorite. J'étais première de la classe tout en ayant un sacré nombre d'heures de colle au compteur. Pour ma défense, j'étais dans une école privée assez stricte. La vérité, c'est que je m'en moquais. Je disais ce que je pensais tout haut, tout le temps. Jeune, un peu stupide, beaucoup trop fière. En façade, rien ne pouvait m'arrêter. Pourtant, j'avais peur de dormir, j'avais peur de la nuit. Les soirées du dimanche me traumatisaient. La mort, la maladie, les choses sombres de l'existence m'obsédaient. Personne n'est vraiment tout blanc ou tout noir, mais disons qu'à cette époque, j'étais plus blanche que noire. Plus joyeuse que triste. Plus lumineuse que sombre.

L'endométriose a changé tout ça.

Première rencontre

Ma rencontre avec l'endométriose a été plutôt cordiale. En effet, après des années d'errance médicale, on m'avait donné un diagnostic. C'est tout ce qui comptait. Je me suis tellement trompée.

Ce qui est « amusant », c'est que ce ne sont même pas les (nombreux) médecins que j'ai consultés qui m'ont proposé de faire une IRM pelvienne, seul réel examen susceptible de révéler une endométriose, mais une collègue de ma mère qui ne m'avait jamais vue. Elle travaillait dans un centre d'accueil pour handicapés et avait parlé de mes problèmes de règles au médecin de l'institution. Cette femme, que j'ai rencontrée par la suite, était un personnage incroyable. Elle ressemblait à une Cléopâtre de soixante-dix ans, coquette, irrévérencieuse, toujours rebelle. Un long trait d'eye-liner soulignait son regard noir et ridé. Elle m'a fait cette ordonnance qui changea le cours de ma vie, sans même me voir. J'avais dix-sept ans, presque dix-huit. J'ai passé cet énième examen en me disant que, comme tous les autres avant lui, il ne révèlerait rien. Après tout, j'avais déjà fait des échographies… J'ai assez mal vécu l'IRM. Pour une jeune femme de dix-sept ans, se retrouver sur une table froide, harnachée, avec des tuyaux pleins de fluides dans l'anus et dans le vagin, c'est assez traumatisant. Il fallait se retenir d'aller aux toilettes alors que tout le corps cherchait à évacuer ce liquide étrange. Ça m'a semblé durer des heures. En tout, je suis restée trente minutes dans l'appareil. Ce qui est long, enfermée dans un immense tube de métal, d'un blanc aseptisé, avec ce bruit infernal… TATATATATA… Après ces interminables minutes d'angoisse, je suis allée me rhabiller. Et pour la première fois de ma jeune vie, un médecin est venu me voir après mon examen, il avait quelque chose à me dire. Mon cœur s'est mis à battre très vite, je n'y croyais pas. Enfin, on avait trouvé ce qui clochait chez moi. Il a aussi appelé ma mère et je me souviens parfaitement de ses mots. Il était un peu alarmé, mais rassurant. Il m'a dit que j'avais de l'endométriose, beaucoup de lésions, stade quatre, mais que c'était tout à fait soignable. C'était *soignable*. Il m'a indiqué le professeur D, spécialiste en la matière, basé à Paris et m'a même fait une lettre de recommandation, pour une prise en charge plus rapide. Et vous savez quel sentiment m'a submergée à cette annonce ? Du soulagement. Je savais enfin d'où venait toute cette douleur et j'allais l'éradiquer. J'allais voir un médecin et il allait me sauver. J'en ai pleuré. Je suppose qu'une personne normale aurait ressenti de la tristesse, de l'angoisse, un certain désespoir, à l'annonce d'une maladie. Évidemment, j'étais un peu anxieuse, j'avais peur d'elle, mais je restais principalement soulagée. Je n'étais pas folle, je ne l'avais jamais été. Pendant six ans, on a voulu me faire croire que je m'inventais des démons, mais c'était faux. Ils existaient et logeaient à l'intérieur de mon ventre. Je n'allais pas commencer ma vie d'adulte avec ce fardeau, on allait me retirer mes chaînes, j'allais pouvoir aller de l'avant. J'avais eu mon bac, mention TB, j'étais inscrite dans une prestigieuse école prépa de Paris, j'allais forcément devenir quelqu'un d'extraordinaire.

Que l'on peut être naïve, à dix-sept ans…

La chute

Un mois plus tard, à peu près une semaine après mon anniversaire, je me suis rendue avec ma mère à l'hôpital où se cachait le fameux praticien qui me sauverait de tous mes malheurs. N'oubliez pas que j'étais une amoureuse inconditionnelle de fantasy, de héros, de grandes épopées. Alors, d'une certaine façon, ce jour-là, j'allais voir un Merlin des temps modernes pour qu'il me sauve d'un dragon qui vivait à l'intérieur de mon corps. J'étais impatiente et un peu craintive : j'avais fini par avoir peur des hôpitaux et des médecins. Mon séjour durant l'adolescence m'a laissé des séquelles qui sont toujours présentes à l'heure où j'écris ces lignes. Le manque d'humanité entre ces murs, le désespoir, l'odeur des médicaments, la solitude, la douleur, la peur... Les hôpitaux sont pour moi des endroits où l'on survit, avec difficulté. On y laisse toujours une part de nous. Face à cette grande porte et cette grande bâtisse, je n'avais qu'une envie : faire demi-tour. Cependant, je venais pour me soigner, pour me libérer, je n'avais pas le droit de faire marche arrière. Ma mère a été d'un grand soutien, ce jour-là comme beaucoup d'autres avant, et encore plus après. Elle m'a tenu la main et je l'ai suivie. Comme moi, elle pensait que ce ne serait qu'un mauvais moment à passer. Comme moi, elle a été déçue. Nous étions si loin du compte. Mon Merlin ressemblait plutôt à un

Gargamel. Il était froid, enregistrait tout ce que je disais avec un dictaphone comme si j'étais un spécimen à analyser, un cobaye. Il ne me regardait pas dans les yeux, comme si je n'étais pas réellement présente. C'était assez rare de détecter une endométriose si jeune, et surtout, une aussi violente que la mienne. J'en avais absolument partout, même à des endroits dont je ne connaissais auparavant pas l'existence. « *Ligaments utérosacrés, cul-de-sac de Douglas...* » Je ne comprenais rien à ce qu'il me racontait, moi, tout ce que je voulais savoir, c'est quand et comment il allait me guérir. Malheureusement, il m'a rapidement fait comprendre que je ne guérirais jamais. On m'avait promis l'absolution, j'avais le droit de brûler en enfer. Je ne guérirais jamais, j'étais trop touchée pour me faire opérer, les risques de l'opération étaient trop importants, il n'avait pas réellement de solution pour moi. J'étais scotchée, presque en état de choc. Moi qui aimais tant parler j'en étais soudainement incapable. Il ne semblait pas réellement croire les images de l'IRM, alors il a souhaité faire un examen lui-même. Il m'a demandé si j'étais vierge, j'ai répondu que oui, ce qui l'a choqué. Il m'a dit qu'il allait « *falloir s'y mettre* », et qu'il refusait de « *déflorer une vierge* » pour faire l'examen. J'étais encore plus abasourdie. Il m'a aussi dit que vu mes résultats, si je ne faisais pas d'enfant dans les deux ans, je n'en aurais jamais. Je vous rappelle que je venais d'avoir dix-huit ans. Il venait de me condamner. Il m'a quand même allongée, à moitié nue, sur sa table d'auscultation. Il a demandé à l'un de ses internes de venir assister au spectacle. Pourquoi ? Je ne sais toujours pas. Comme il ne pouvait pas passer par mon vagin de peur de me *déflorer*, il a trouvé une solution alternative : mon rectum. Comme si enfoncer ses doigts à cet endroit était moins préoccupant. Il ne touchait pas à ma pureté, du moins, c'est ce qu'il semblait penser, et pour lui, c'était le plus important. J'étais tétanisée, hallucinée par ce qui était en train de se passer. Quand il a enfoncé ses doigts en moi, j'ai ri. Un rire froid, triste, cynique. Ça l'a amusé, il m'a dit « *Hé bien, vous prenez bien les choses vous, sacré sens de l'humour !* », je me souviens avoir répondu un truc débile du genre « *Il vaut mieux en rire qu'en pleurer, non ?* » Je voulais faire la fille forte, alors qu'encore maintenant, j'ai le sentiment que l'on m'a tabassée ce jour-là. Que l'on ne m'a pas respectée. Que l'on m'a traitée comme un tas de chair sans conscience. Que je méritais mieux que cette scène sordide. Quand je me suis rassise avec ma mère, il a ajouté une donnée à mon addition déjà pourtant bien salée : j'avais certainement des lésions dans les intestins. Encore une fois, je ne savais pas vraiment ce que ça signifiait. Il m'a énoncé tous ces faits très vite, comme la sentence d'un bourreau qui aurait déjà découpé trop de têtes. Je me souviens que ma mère s'est mise à pleurer, et que, froidement, il lui avait dit : « *Ce n'est pas à vous de pleurer, madame !* » Cette phrase me hante encore aujourd'hui. Ce n'était pas à elle de pleurer, mais à moi. Elle n'avait pas le droit de pleurer pour sa fille, qu'elle découvrait porteuse d'une maladie incurable qui allait lui gâcher la vie. Elle n'avait pas le droit de ressentir des choses. Pourquoi faisait-il preuve d'un tel manque de compassion ? Étions-nous fautives ? Et moi, que devais-je faire ? Pleurer ? Pleurer pour montrer que je comprenais ? Je ne comprenais pas. Je ne comprenais pas qu'à notre époque, nous ne puissions pas soigner une maladie dont une femme sur dix souffre. Je ne comprenais pas que le nom d'une telle maladie ne soit jamais parvenu jusqu'à mes oreilles ou celles de mes proches. Je ne comprenais pas que l'on ne me soigne pas. Il m'a alors demandé si j'avais des questions. Mon cerveau n'était plus en mesure de réfléchir, alors j'ai posé celle qui me passait par la tête, celle d'une enfant qui a peur du noir : « Est-ce que je vais en mourir ? » Il m'a regardé un moment, a soupiré, comme si ma question l'ennuyait, et a répondu : « Ce n'est pas si simple que ça, mais en principe, non. » Comment pouvait-il me répondre ça ? Non, je n'allais pas mourir, mais ça en avait tout l'air ? Qu'allais-je devenir ? Le Professeur D me demanda alors ce que je comptais faire, pour mes études. Avec une certaine fierté, malgré tout ce qui venait de se passer, je lui indique que d'ici une semaine, je rejoindrai les bancs de la prépa Henri IV. Il a souri, sinistrement, et m'a conseillé de revoir mes plans : je ne pourrais pas tenir le rythme. Il venait de détruire mon monde, mon avenir, mes rêves, en quelques phrases, en quelques minutes. Il m'a alors mis sous pilule, très concentrée en progestatifs, pour stopper complètement mes règles : le *Surgestone*. Au début, je pensais que c'était une bonne idée. Si je n'avais plus mes règles, en principe, je n'avais plus mal, n'est-ce pas ? Sauf que les choses ne se sont pas passées ainsi.

Les choses se passent rarement comme on le pense, avec l'endométriose.

Nous nous retrouvons donc ce fameux jour, où je suis enfermée dans la voiture familiale, devant le parc qui grouille d'enfants, en face de l'hôpital. Cette fois, je pleure. Je savais que je vivais un tournant décisif de mon existence. J'avais dix-huit ans.

Adieu, mes beaux chevaliers et mes princesses courageuses, bienvenue dans la réalité.

Et cette réalité-là était sacrément moche.

L'ANNÉE ET DEMIE DE BONHEUR

Je suis sous *Surgestone* depuis quatre mois et j'ai l'impression que le médicament m'a avalée tout entière. J'ai sans cesse envie de pleurer, je gonfle, je grossis, j'ai mal au crâne. Je ressens des émotions que je sais ne pas être les miennes. J'ai mal, encore. Je me demande à quoi ça sert de prendre ce traitement pour souffrir encore. Je n'ai plus mes règles, ce qui est une avancée, mais je ne me sens pas « mieux ». Après six mois, je me résous à consulter un autre médecin à l'hôpital. J'essaie de lui faire comprendre du mieux que je peux que je me sens mal. Au plus profond de moi. Que je ne me reconnais pas. Encore une fois, on ne me prend pas réellement au sérieux. J'y vais quasiment tous les mois. On me donne différentes choses pour faire passer la douleur. Rien ne marche vraiment. *Tu es gonflée ? Je vais te donner quelque chose pour dégonfler. Tu es triste ? C'est dans ta tête tout ça. Tu as mal au ventre ? Tiens, un peu d'opium.* Alors un jour je m'énerve, je crie, je leur dis que je vais arrêter le traitement. On me propose alors une alternative : le *Décapeptyl*. Ce médicament contient un analogue de la GnRH, une hormone de synthèse qui agit sur les organes de la reproduction. Ses effets sont réversibles à l'arrêt du traitement. Une piqûre suffit à mettre une femme en ménopause pendant trois mois. À ce moment précis, j'étais prête à tout accepter pour arrêter de prendre le *Surgestone*. J'avais l'impression qu'il m'empoisonnait. Pourtant, je n'aurais pas pu prendre la décision de l'arrêter toute seule. J'étais encore persuadée que les médecins savaient mieux que moi ce que je ressentais. J'ai donc accepté la piqûre fatale.

Une infirmière vient à la maison. Je m'allonge sur le canapé, sans culotte, les fesses à l'air. Elle me prévient que ça va faire mal. L'aiguille est grosse. Je m'en moque. Elle m'injecte le médicament. Ça fait mal. Je n'arrive plus trop à m'assoir, je me demande ce que ça va me faire, finalement. Pendant plusieurs jours, je ne ressens pas grand-chose. Je suis en première année à la fac et c'est incroyable. Je vis seule sur Paris, je suis avec mes deux meilleures amies du lycée et je m'en fais des nouveaux. Je rencontre mon premier amour, j'ai des papillons dans le ventre. Je n'ai plus mal, je ne sens plus du tout mon organe génital pour la première fois depuis presque dix ans. Ça a un petit goût de paradis. Je revis. Je suis comme toutes les autres. Je m'amuse, je saute, je cours, je ris, au milieu de la nuit, sans dormir, sans m'arrêter. Bien sûr, tout n'est pas parfait : j'ai des bouffées de chaleur toutes les trente minutes qui me font me mettre presque nue en plein milieu du métro un mois de décembre. Je dors mal, je suis réveillée à six heures du matin sans pouvoir me rendormir, en sueur. Mais je m'en fous. ***Je. N'ai. Pas. Mal.*** Et ce sentiment est incroyable, j'ai l'impression d'être invincible. Je peux ne dormir que quatre heures et enchaîner des journées de folie. J'ai dix-neuf ans et j'ai l'impression d'être jeune pour la première fois. Je fais des bêtises, j'aime, je virevolte, insouciante, je suis celle que j'ai toujours voulu être.

Mais ça ne pouvait pas durer.

Le *Décapeptyl* expose à un risque de décalcification, c'est-à-dire de l'ostéoporose, une maladie osseuse qui associe à la fois une diminution de la densité de l'os et des modifications de sa micro-architecture. L'os est plus fragile, moins résistant et, par conséquent, le risque de fracture augmente. Ce médicament ne peut donc pas être pris plus de six mois de suite et plus de deux ans au total dans une vie. Deux ans de sursis. Après six mois incroyables, j'ai encore presque un an de pur bonheur sans avoir mes règles, sans que mes ovaires se réveillent. Cette année et demie sans endométriose a été à la fois un merveilleux cadeau et un incroyable fardeau. Parce qu'à partir de là, j'ai vu, j'ai su. Ce qu'aurait pu être ma vie sans endométriose. J'ai su quand elle est revenue à quel point elle me détruisait de l'intérieur, comme un monstre qui attendait seulement son grand retour. J'ai tellement pleuré ce jour-là, ce jour où j'ai eu à nouveau mes règles. Où j'ai ressenti cette douleur, celle que je connaissais si intimement, en sachant qu'elle allait m'accompagner tous les jours. Que j'allais à nouveau être fatiguée, tout le temps, harcelée par cette souffrance profonde et terrifiante que je ne peux pas calmer, jamais. Psychologiquement, j'ai été complètement brisée à ce moment-là. Les graines de la folie ont commencé à germer dans mon esprit fragilisé. Je ne le savais pas encore, mais j'allais enchaîner avec la pire année de ma vie.

L'ANNÉE LA PLUS SOMBRE

Je suis retournée voir le Professeur D, complètement perdue. Je ne sais plus quoi faire avec mes règles, plus quoi faire de mon corps, quoi prendre, quoi faire. Alors je suis retournée voir celui qui m'avait tant fait de mal. Comme il était censé détenir le savoir sacré sur ma maladie, j'avais encore l'espoir qu'il m'aide. Parfois, quand la peur nous noue la gorge, on fait les mauvais choix. Ce jour-là, où j'ai décidé de revenir le voir, j'ai fait le mauvais choix. J'y suis allée avec une amie, j'ai toujours eu la chance d'être bien entourée. Il m'a d'abord grondée comme une petite fille parce que j'avais consulté un autre médecin et que j'avais choisi d'utiliser le *Décapeptyl*. Il m'a dit qu'en ayant fait ça, je me retirais des chances de tomber enceinte un jour, car ce médicament servait principalement à préparer le terrain pour peut-être tomber enceinte quand on est atteinte d'endométriose. Donc j'avais été stupide de l'utiliser sans avoir envie d'avoir un enfant. Ensuite, il m'a dit que le SEUL médicament qui pouvait m'aider, c'était le *Surgestone*. Je lui ai dit que ce médicament m'avait fait du mal. Que j'avais presque peur de lui. Que je n'avais pas envie de le reprendre. Qu'il me faisait gonfler, qu'il me faisait déprimer, qu'il me changeait. Il n'a rien écouté et m'a prescrit du Surgestone pour un an. Je suis repartie en me disant que jamais je ne reviendrais, mais que j'allais tenter de l'écouter, de me forcer, peut-être que c'était dans ma tête, finalement, et que ce médicament allait vraiment m'aider.

Je continue mes études et je rencontre celui qui sera, jusqu'à maintenant, le plus bel amour de ma vie. Il était sensible, beau, talentueux. Il avait les yeux doux et la peau douce. Il sentait bon et me faisait rire. Il m'a acceptée avec tous mes défauts, ma maladie, mes cauchemars. Malheureusement pour lui et moi, j'étais sur une pente difficile. Je souffrais dès que je mangeais, et après avoir consulté plusieurs médecins, encore eux et toujours eux, après avoir fait des examens qui m'ont déchirée en deux, personne ne trouvait pourquoi j'avais l'impression d'avaler de la lave en fusion lorsque je mangeais. Je me suis mise à croire que j'ingurgitais des choses mauvaises pour moi, que mes couverts étaient sales, que mes mains étaient sales, que je pouvais limiter ma douleur en nettoyant tout, tout le temps.

J'ai commencé à avoir des TOC. *Troubles obsessionnels compulsifs.* Le TOC, longtemps considéré comme une névrose à part entière, n'est pas un trouble de la personnalité. Les psychiatres l'identifient désormais comme une manifestation du trouble anxieux. Il se caractérise par des pensées obsessionnelles et des rituels que la personne s'inflige de façon répétée sans parvenir à s'en empêcher, bien qu'elle en soit consciente. Je refusais de manger un aliment que mes mains auraient touché, même si je les avais lavées avant. Je refusais de manger tout ce que je trouvais « suspect », c'est-à-dire pratiquement tout. Et je continuais à avoir mal et à m'enfoncer de plus en plus dans la folie. J'avais peur que mon copain me touche, parce qu'il devait forcément être sale. Je lavais mes culottes uniquement à la main et pendant des heures entières, abîmant mes mains jusqu'au sang. Parfois, je loupais des rendez-vous uniquement parce que je trouvais que mes culottes n'étaient pas assez propres et que je refusais de les mettre sans les avoir lavées à nouveau. Une fois, j'ai lavé une seule culotte pendant une heure et demie. Une heure et demie. J'avais fini avec les mains en sang et des larmes plein les yeux. Car le pire avec les TOC, c'est que l'on sait que ce qu'on fait n'a aucun sens. On assiste à notre propre folie, dans l'incapacité de se contrôler. J'étais revenue vivre chez ma mère et elle me traitait de folle. Elle ne me comprenait plus et je voyais dans ses yeux qu'elle avait presque peur de moi. J'ai eu tellement mal à ce moment-là. Personne ne me comprenait, pas même moi. Je ne sortais plus, je passais mes journées dans mon lit à pleurer sans raison. J'étais devenue une petite bulle noire que rien ne pouvait éclaircir. Plus rien ne me faisait plaisir parce que je pensais constamment aux bactéries, aux maladies. *Constamment*. Et je continuais à avoir mal. Alors je ne mangeais plus. En six mois, j'ai perdu plus de quinze kilos. J'étais maigre, maladivement. Et c'est à ce moment-là que j'ai compris que nous étions fondamentalement seuls face à l'existence et à nous-mêmes. Je ne dis pas ça de façon mélodramatique, c'est simplement un « *clic* » qui s'est opéré dans mon cerveau, qui l'a retourné dans tous les sens, et encore maintenant, il est resté rangé comme à cet instant précis où j'étais abandonnée seule dans un lit, la main sur le ventre, les larmes aux yeux. Je vois chaque être humain comme un petit cristal fragile qui bouillonne de l'intérieur. Et ce bouillonnement, ce souffle intérieur, c'est nous. C'est ce qui fait ce que nous sommes. Et ce que nous sommes, quand nous enlevons tout ce qu'il y a autour, c'est ce qu'il nous reste. Alors j'ai appris, ce jour où je n'avais jamais été aussi seule, à m'aimer. Et à tout me pardonner. Parce qu'il n'y avait aucun sens à ce que je m'en veuille. Il n'y a aucun sens à ce qu'aucun d'entre nous ne s'en veuille, ou ne se trouve laid, ou ne culpabilise, ou ne se déteste. Car il n'y a que nous, au fond de ce cristal fragile. *Que nous.* Et ça peut paraître négatif, sombre, déprimant, mais il s'agit en fait d'une force pour moi. De se rendre compte que la chose qu'il faut chérir avant tout, c'est soi-même. Parce qu'au fond du gouffre, il n'y aura qu'un miroir.

Je me souviens parfaitement de la nuit où j'ai voulu en finir. J'étais dans ma chambre, sous les combles. Je regardais le ciel noir au travers du vasistas au-dessus de ma tête. Je pleurais parce que tout mon corps me brûlait. J'entendais les voitures passer dans la rue, les gens vivaient en dehors de ce cauchemar et moi je n'arrivais pas à dormir tant j'avais mal. Et je me suis dit « *à quoi bon ?* » À quoi bon vivre si c'était pour souffrir autant ? Je n'avais plus aucun plaisir à ouvrir les yeux le matin ni aucune envie de le faire. Je voulais ne plus jamais les ouvrir et ne plus jamais avoir mal. Ça me semblait être la seule solution. J'avais plein de médicaments autour de mon lit, qui me servaient à essayer d'endurer la douleur, mais qui échouaient sans cesse à le faire. Pourquoi je ne les prendrais pas plutôt pour mettre fin à mon supplice ? Cela me semblait être la fin que méritait ce corps minable que je traînais depuis des années. Un an maintenant que j'étais devenue une loque, l'ombre d'une personne, je détestais mon corps, je détestais les autres qui ne comprenaient pas ma souffrance, je m'étais isolée, j'avais arrêté d'aller en cours. Je n'étais plus rien qu'une boule de douleur qui pleurait sans arrêt. Un an passé à ne rien faire à part être triste et se dire qu'on n'arriverait jamais à rien, c'est long. Ma vie entière n'était que souffrance, autant psychologique que physique, alors encore une fois : à quoi bon ? Pourtant je ne suis jamais passée à l'acte, j'avais tant de choses à accomplir. J'avais toujours voulu être une héroïne de roman, et les héroïnes ne se suicidaient pas. Elles affrontaient leurs démons et les décimaient avec un sourire. J'ai donc décidé, sans avis médical, d'arrêter le *Surgestone*, du jour au lendemain. Je n'avais aucune idée que c'était ce médicament qui m'empêchait de manger, j'avais juste envie de tout changer, c'était ma seule façon de survivre un autre jour. Je suis aussi allée voir un psychiatre qui m'a prescrit des antidépresseurs pour combattre les TOC. Pendant un an, j'avais refusé d'y aller, parce que j'étais stupide. Aller voir un psychiatre c'était enfin avouer que tout se passait dans ma tête, que j'étais folle, que mon père avait raison, que je m'inventais des choses, que j'étais juste misérable et incapable d'affronter la vie comme n'importe quel être humain. Il ne faut pas avoir honte de vouloir s'aider, même si ça signifie dépasser des a priori, des visions préconçues du monde et de sa façon de tourner. Prendre des antidépresseurs me semblait être un aveu de faiblesse honteux. Les héroïnes n'avaient pas besoin de médicaments pour calmer ce qu'il se passait dans leur tête. Les héroïnes n'étaient pas folles.

J'ai accepté de ne pas être une héroïne.

J'ai respiré, j'ai déménagé loin de ma mère et de cette maison qui était devenue une prison, une cage noire qui avait abrité toutes ces nuits de détresse, à hurler, crier, pleurer, je me suis installée avec mon copain, j'ai respiré à nouveau.

Et c'était fini. Je mangeais à nouveau. Je voyais à nouveau les couleurs, la lumière. Mes TOC se calmaient, puis ils ont disparu. Je revivais.

Je renaissais.

LE RÉVEIL

J'ai compris après cette année de dépression que quoiqu'il arrive, dans la vie, je devrais endurer. Je ne devrais pas me comparer aux autres. Je ne devrais pas espérer plus. Je devrais faire avec. Et avancer. Pas vite. Pas comme les autres. Mais à mon rythme. Je devais aussi réapprendre à ne pas rejeter en bloc mon corps. Et je devais trouver un sens à ma vie. J'ai repris mes études, je ne prends plus aucun médicament. J'ai très très mal pendant mes règles, mais le reste du temps c'est vivable. Alors je m'adapte. Je rattrape ce que je manque quand je suis malade. Je serre les dents quand le sang coule. Et je recommence tous les mois. Je pars un long moment vivre en Corée du Sud et je découvre un nouvel univers. Bien sûr, je suis malade, bien sûr certains soirs j'ai envie de hurler, je serre les poings, je tape les murs, et le lendemain je me relève. Je visite un nouveau monde, avec une nouvelle façon de penser, je m'éloigne de tout ce que je connais, j'apprends à savoir qui je suis réellement, au-delà de la maladie. Je loupe beaucoup les cours, mais j'ai appris à faire comprendre aux autres que c'était comme ça pour moi, comme ça que je fonctionnais, et que j'essaierai de m'en sortir malgré tout. Les mêmes fantômes venaient me hanter, mais j'avais moins peur d'eux. Je recommençais à espérer. Je réussis à avoir ma licence. À coups de poing, avec de la sueur, des cris, des larmes, un mélange de médicaments, quelques sourires et un peu de volonté. Je décide de poursuivre avec un double master, je veux me dépasser, même si je commence à me demander comment je réussirais à avoir un job normal, avec des horaires normaux, tous les jours de l'année. Je fais des études de langue coréenne et de marketing. Je suis censée parcourir le monde pour faire vendre des produits dans lesquels je ne crois pas forcément, à des gens différents, des cultures différentes. Je suis censée être active avec un profil pareil, une machine de guerre. La nouvelle femme active en train de conquérir le monde.

Mais je fais semblant, je ne suis rien de tout ça, et je ne pourrais jamais l'être. Vient le moment du deuil. Celui d'avoir un travail normal. Je fais plusieurs stages en entreprise pour valider mon master. Six mois d'immersion, chaque année. Je suis incapable de tenir le rythme. Je rate parfois une semaine entière de travail. Mes patrons me demandent pourquoi je ne les ai pas prévenus à l'entretien que j'étais malade. C'est ironique ?

Comment une personne peut se faire embaucher quand dix autres veulent le même poste en expliquant qu'elle est malade et qu'elle sera souvent absente ? Mes supérieurs m'aiment bien, car je suis vive, enjouée et sûrement compétente, mais toutes ces qualités peinent à compenser mes absences. J'arrive malgré tout à obtenir de bonnes notes en les amadouant et j'obtiens mon master. Je suis fière. Mais je sais que ce diplôme risque d'être simplement une jolie feuille accrochée à un mur. Car je ne serais jamais une de ces filles fières et combattantes qui enchaînent les heures, qui travaillent sans relâche et qui montent les échelons un à un, sans un regard en arrière. Et je suis jalouse, je sens cette petite bête mauvaise qui me dévore, l'envie, l'envie quand je vois d'autres filles de mon âge n'avoir aucune limite, elles brillent pour moi, elles sont belles, elles dansent, légères et lumineuses, alors que j'ai l'impression d'être une petite boule sombre assise dans un coin et qui attend que le temps passe, dans la douleur. Des fois, je me dis que c'est de ma faute, que si j'arrivais à me bouger plus, à surmonter la souffrance, à serrer les dents et me lever, chaque jour, j'arriverais moi aussi à avancer comme elles. Mais il a bien fallu que je me rende à l'évidence : nous ne sommes pas semblables. Pas seulement, car elles ne sont pas malades, mais aussi parce que ces années ont brisé une partie de moi, celle qui pense que quand on veut on peut. Ces femmes ont dans la tête un univers de possibilités, bien sûr qu'elles souffrent aussi, mais elles ne se demandent pas si elles pourront avoir des enfants un jour, si la semaine suivante elles seront pliées en deux comme tant de semaines auparavant, si leurs intestins vont tenir jusqu'à la prochaine station de métro, si elles arriveront à manger ce soir sans avoir mal, si elles arriveront à dormir alors même que des hormones se livrent bataille à l'intérieur de leurs corps, si elles auront mal à chaque fois qu'elles feront l'amour, si elles retrouveront du sang dans leurs toilettes... Car l'endométriose va partout, elle affecte tout le corps, et si cela ne suffisait pas, les médicaments que l'on prend pour ne pas se faire avaler par elle s'en prennent à notre conscience, notre humeur, notre personnalité. Elle se faufile dans les intestins, les ligaments, la vessie, entre les organes, à l'intérieur des organes, partout. Ce n'est pas simplement une maladie « des règles ». C'est une maladie du corps tout entier. Et chaque mois, tout le corps saigne. Alors même si je commençais à accepter ma vie telle qu'elle était, telle qu'elle allait être, telle qu'elle sera, je me suis dit : « *Je vais tenter une dernière chose.* » Le coup de poker à la fin des études. Le dernier espoir d'avoir une vie relativement normale, de pouvoir travailler comme toutes les autres, d'aller vite dans la vie comme un vent violent…

J'avais envie d'être un vent violent.

Il me restait donc à me faire opérer.

Une histoire de shaman

Avant de me faire opérer, ma mère m'a proposé de m'emmener voir un shaman, qu'une amie à elle appréciait et dont elle était persuadée qu'il pouvait faire des miracles. C'est amusant, je pense que chaque personne atteinte d'une maladie incurable s'est un jour demandé si, finalement, un magicien, dieu, Jésus, un démon, une entité, une chimère, quelque chose d'ésotérique pouvait apparaître pour sauver la situation. Il est évident qu'une partie de ces guérisseurs profitent de la situation de faiblesse des personnes atteintes gravement et désespérées pour se faire de l'argent. Au début, j'ai refusé d'y aller. Je suis agnostique, je ne crois en rien, et encore moins à l'idée qu'un être humain puisse me soigner en faisant un rite bizarre. Ma mère a insisté en me disant que ça me ferait de jolies vacances, le shaman habitant dans le sud de la France, et que ça ne coûtait rien d'essayer. Et que ça lui ferait plaisir. C'est sûrement l'argument qui m'a convaincue. Je savais qu'elle avait de l'espoir. Je savais que si je ne le faisais pas, elle se dirait que j'étais peut-être passée à côté d'un miracle. Je n'avais pas envie de la laisser avec ses doutes et son inquiétude, alors j'ai accepté. Nous sommes parties dans la campagne montpelliéraine pour quelques jours, nous avons été bien accueillies et l'ambiance était sympa. Puis vint le jour fatidique de ma rencontre avec ledit shaman. Il habitait un tout petit village adossé à la roche, très pittoresque. Je l'imaginais vivre au fond d'une grotte à moitié nu. Il habitait en fait une jolie maison où il consultait. J'avais l'impression d'être entré dans la salle d'attente d'un médecin, ce fut ma première surprise. Le dépaysement n'était pas au rendez-vous. Nous avons attendu un moment que sa consultation précédente se finisse, quand ce fut le cas, une dame assez âgée sortit en larmes en lui embrassant les mains tout en murmurant des « merci, merci, merci ». Je restais un peu à l'écart, je ne me sentais pas à ma place. L'amie de ma mère parlait de lui comme un saint homme, presque un dieu, avec des étoiles dans les yeux. La fascination qu'elle lui vouait pouvait se lire sur son visage. J'étais plutôt sceptique, mais j'avais promis à ma mère d'y aller avec un esprit ouvert, sinon ça ne servait à rien. J'ai donc pénétré sa salle de consultation, qui se composait d'un bureau en bois, d'une table d'auscultation et de beaucoup de décors ésotériques avec un melting pot de toutes les religions possibles : des portraits de la vierge Marie côtoyaient des statues de Bouddha, des plumes indiennes, des représentations de divinités indiennes, il y en avait pour tous les goûts. Je me suis assise devant lui, ma mère à côté de moi. Il a pris ma main et a commencé à la serrer fort, tout en faisant des bruits étranges, en bougeant la tête avec des expressions assez effrayantes. J'avais envie de rire. Mais je m'étais promis d'essayer de rentrer dans le délire donc je me suis concentrée sur sa main qui serrait la mienne. Au bout d'un moment, il arrête et une conversation commence. Il me demande pourquoi je viens, alors qu'il le sait très bien, il me pose des questions sur ma famille et plus précisément sur mon frère jumeau. Je ne comprends pas trop le rapport, mais je lui réponds. Je me rends compte que ma mère lui a donné des photos de mon frère et moi jeunes. Il faut savoir que nous sommes des jumeaux assez particuliers, car on ne pourrait pas faire plus opposés : il est blond aux yeux bleus, je suis brune aux yeux noisette, il aime le sport, les sorties, j'aime les jeux vidéo, les livres et mon petit chez-moi. Nous n'avons malheureusement pas grand-chose en commun. Le shaman s'empare de nos photos et les observe un moment, puis il lève les yeux vers moi. Il m'explique qu'il avait ressenti dès que j'étais entrée dans la pièce que j'avais une aura exceptionnelle et que je n'étais pas seule. Je lui demande ce qu'il insinue par le fait que je n'étais pas seule.

Et là.

Il me sort, les yeux dans les yeux, sans sourciller :

« Tu vis avec une entité à l'intérieur de ton corps, il s'agit d'un fantôme de l'une de tes vies antérieures, il y a plus de mille ans, lorsque tu étais viking. Dans cette vie, ton frère jumeau était en fait ton fils, et tu l'as perdu. Il est mort. La tribu t'en a voulu et tu as été chassée. Comme tu étais coupable d'avoir perdu ton enfant, tu n'as plus jamais voulu en avoir. C'est pour ça que tu as de l'endométriose, qui t'empêche d'avoir un enfant. C'est ce spectre qui te punit encore. Il faut qu'elle parte, qu'elle retrouve la paix. »

J'ai dû serrer très fort la main de ma mère pour ne pas éclater de rire. Je m'attendais à une expérience super spéciale. Je ne m'étais pas trompée. Il venait de me dire que si j'avais de l'endométriose, c'était parce que celle que j'étais dans une vie antérieure a tué son fils, alias mon frère jumeau, et s'en veut depuis. J'avoue être restée sans voix. On ne pouvait pas dire qu'il manquait d'imagination, au moins. Il a ensuite demandé à ma mère de sortir de la pièce, car il allait commencer le rite destiné à faire partir le fantôme qui me suit partout. Je me suis allongée sur sa table de consultation, il a commencé à jouer de la musique, à prier Jésus, Bouddha, Mohamed, quelques anges, Ganesh et sûrement d'autres que j'ai oublié. Il tapait dans des tambours tout en faisant le tour de moi. Je serrais les dents. Il ne fallait pas que je rigole. À un moment, il s'est mis à avaler de l'encens et à me le recracher sur le visage. Là, j'avoue, je n'ai pas su me retenir. J'ai explosé de rire. Ça n'a pas semblé l'émouvoir plus que ça. Il m'a mis des pierres autour des oreilles et les a malaxées, tout en continuant à proférer une litanie de mots incompréhensibles. Quand il m'a dit que je pouvais me relever, j'étais soulagée. Je n'aurais pas tenu deux minutes de plus sans lui demander d'arrêter son cirque. Je rejoins ma mère, qui parle un peu avec lui, je sors sans demander mon reste, contente de retrouver l'air libre. Il dit à ma mère que je serais guérie d'ici un an. Je souris, presque tristement. Bien sûr que je n'ai pas été guérie.

Ceci dit, ce petit voyage dans le pays du paranormal m'a permis de me recentrer sur moi, ma maladie, mon combat.

Et que l'aide ne viendrait pas du ciel.

UNE ÉNIÈME DÉSILLUSION

Je prends rendez-vous avec un chirurgien conseillé par des associations concernant l'endométriose. Il me reçoit dans un beau bureau des beaux quartiers de Paris. Il est plus jeune, plus souriant, plus à l'écoute. Ses consultations coûtent aussi aux alentours de cent vingt euros. La gentillesse avait donc un prix ? Le respect des patients était tarifé ?

J'étais en fin d'études, je n'avais pas de source de revenus à part ma bourse et cette somme me semblait exorbitante. Un quart de mes revenus qui partaient dans une consultation de trente minutes. Car l'endométriose est une maladie qui coûte cher. La plupart des pilules que l'on nous prescrit ne sont pas remboursées. Les examens qui nous concernent coûtent des centaines d'euros, jamais entièrement remboursés. Comme nous sommes susceptibles de faire des hémorragies au moment de nos règles, le budget en protection hygiénique est presque doublé. À ce moment précis, l'endométriose me coûtait quasiment trois cents euros par mois. Et ce n'était pas fini. Après plusieurs examens de contrôle, ce nouveau médecin constate lui aussi que mes atteintes sont nombreuses et profondes. C'est un chirurgien spécialisé : il me propose donc une chirurgie. Sauf qu'il pratique principalement dans une clinique privée, sinon les temps d'attente sont phénoménaux : plus de deux ans. Mon opération allait me coûter plus de deux mille euros de dépassement. Et là, je fais partie des chanceuses : mon père est aisé, il a accepté de prendre en charge une partie des frais, même si je savais qu'il me rappellerait cet acte. Mais je n'avais pas vraiment le choix. Qui plus est, lui et ma mère s'étaient séparés et n'étaient pas en bons termes, comme pour une revanche sur ce qu'il considérait qu'elle lui avait pris, il lui avait demandé de payer l'autre moitié de l'opération. J'étais la seule raison pour laquelle ils se parlaient encore, l'un cherchait à profiter de la situation, l'autre la subissait, et c'était de ma faute. J'avais envie de partir loin, loin de tous ces problèmes, familiaux, d'argent, l'angoisse de l'opération, mon futur, mes études, ma vie en général. Tout me semblait bien trop compliqué, comme si j'avançais dans une immense toile d'araignée qui me retenait à chaque mouvement. À côté de ça, je n'arrivais pas à me poser dans un appartement. Je déménageais tous les ans, dans une quête frénétique d'être mieux chez moi. Je n'arrivais pas à me poser plus d'un an sans avoir l'impression d'étouffer. Simplement, car je restais trop chez moi. Au bout d'un an, malgré toutes les décorations, personnalisations, achats compulsifs, j'avais besoin de changer de décor. De renouveler les quatre murs qui allaient accueillir tant d'insomnies. Le problème, c'est que déménager frénétiquement dans Paris, ça coûtait de l'argent. J'étais donc dans une période où financièrement, j'avais du mal à m'en sortir. Il fallait que je trouve un moyen de gagner de l'argent, donc je me suis essayée aux petits boulots de style hôtesse d'accueil. Encore une fois, j'ai été confrontée à mes limites. C'est au milieu de cet immense bazar que je me suis fait opérer. On m'a à nouveau fait miroiter des rêves interdits : une opération, un nettoyage de l'intérieur, la mise en place d'un stérilet, et ils vécurent heureux et eurent beaucoup d'enfants. Bien sûr, tout ça n'était qu'un mirage. Bizarrement, quand je me suis retrouvée dans cette clinique du seizième arrondissement quelques heures avant l'opération, qui allait durer plusieurs heures, j'ai pressenti l'échec. Ma mère, mon copain, mes amis voyaient ça comme l'acte qui allait me sauver. Forcément, si l'on se fait opérer, c'est que l'on va, dans un sens ou un autre, guérir, non ? Sinon à quoi bon ?

C'est la première fois que je me fais opérer, je suis donc un peu angoissée, même si j'arrive à rester relativement sereine, comme si je savais qu'un jour, je serais là, sur ce lit d'hôpital. Après tout ce parcours, c'était attendu. Non, ce qui m'angoissait vraiment, c'était que quelques jours avant l'opération, le chirurgien m'avait prévenu qu'il y avait des risques. Comme j'avais de l'endométriose tout autour de la vessie, sur les nerfs et ligaments, une erreur de sa part pouvait entraîner un handicap terrible : ne plus pouvoir uriner normalement, sans mettre un tuyau dans l'urètre. Moi qui avais eu des problèmes psychologiques liés à cette partie de mon corps, je ne pouvais envisager devoir vivre le restant de mes jours dans cette situation. C'était impensable. J'essayais de ne pas trop en parler à mes proches, mais je savais parfaitement que je ne le supporterais pas.

Également, il y avait un risque que les parois de mon intestin soient percées et que je doive porter une poche de colostomie : il s'agit de l'abouchement du côlon à la peau. Les selles sont alors recueillies dans une « poche » collée à l'abdomen. Pour quelqu'un qui a eu des TOC de propreté, avoir un sachet avec sa merde collé au ventre, ça me semblait aussi insurmontable. J'avais si peur de reperdre le peu d'équilibre psychologique que j'avais enfin retrouvé. J'avais peur de me rompre et de ne jamais pouvoir revenir à ce que j'étais. Mais je serrais les dents et je n'en parlais pas. J'avais décidé de faire le grand saut et je ne pouvais plus changer d'avis. Je n'avais plus qu'à espérer.

Je me réveille avec le ventre lancinant. J'entends quelqu'un à côté de moi dire qu'il ne sent plus ses jambes, alors je panique un peu. Je pense que le réveil a été le plus difficile pour moi lors de cette opération qui a duré presque deux heures. J'avais mal au ventre, mal au crâne, je ne me sentais pas du tout à l'aise. Une sympathique infirmière m'a dit que tout allait bien en me caressant le visage. Je me souviens de ce geste tendre et du bien qu'il m'avait fait sur le moment. On me ramène à ma chambre et soudain, je me rends compte : j'ai un tube qui sort de mon urètre. J'ai rarement autant paniqué de ma vie. Surtout qu'à côté de moi, une autre jeune femme s'était elle aussi fait opérer pour de l'endométriose et elle n'avait pas ce fameux tuyau. J'étais fichue. Mon cœur allait exploser, j'allais vomir. Il avait touché ma vessie. J'allais devoir avoir ce genre de tuyau à l'intérieur de moi toute ma vie. Je ne sais même pas si des larmes coulèrent sur mes joues à ce moment-là tant j'étais en état de choc. Je pose des questions à l'infirmière, mais elle ne semble au courant de rien et me dit que le médecin passera au mieux dans deux heures pour m'expliquer la situation, peut-être même seulement demain. J'ai encore la tête à moitié embrumée et j'alterne des phases d'endormissement, de désespoir, d'angoisse, de dégoût, de rage et d'abattement total. Les heures passent et il ne vient pas. Je ne sais pas combien de temps je l'ai attendu, mais dans mon cœur, ça a duré une existence entière. Quand il arrive enfin, je ne lui laisse même pas le temps de sourire et lui demande pourquoi ce tuyau relie ma vessie à la poche qui se trouve par terre. Il me rassure en m'expliquant que ma chirurgie a été bien plus profonde que celle de ma voisine et qu'il ne voulait pas que j'aie à marcher pour aller aux toilettes pendant une journée ou deux. C'est pour ça que j'avais une sonde dans la vessie, pas parce qu'il me l'avait abîmée. Je respirais à nouveau. Je voyais les couleurs à nouveau. Pourquoi m'avait-il laissée dans l'angoisse ? Pourquoi avais-je dû attendre des heures et des heures avant qu'il vienne me dire si oui ou non, ça s'était bien passé ? Je lui en voulais. J'en voulais à l'hôpital. Pourquoi ce milieu ne semblait jamais prendre conscience que nous étions des êtres humains avec des craintes, des valeurs, des besoins basiques ? Que nous étions des malades, pas des coupables, et que nous avions le droit de garder notre dignité ? Pourquoi étions-nous toujours traités comme si ce que nous pensions, ce que nous ressentions, passait au second plan ? Même dans une clinique privée du seizième arrondissement, nous attendions, encore et encore, et nous souffrions, encore et encore.

Je passe quelques jours à l'hôpital pour que mon état se stabilise, et je me rends compte qu'une nouvelle douleur naît au sein de mes entrailles. Toujours au même endroit. Je me dis que ça doit être les suites de l'opération, que c'est normal.

Encore cette phrase. « *C'est normal.* »

Je rentre dans mon appartement, avec mon copain et ma mère. Ma mère a décidé de rester quelques jours avec moi pour voir si tout se passe bien et m'aider, car j'ai encore du mal à marcher. Encore une fois, elle aura été là pour moi. Car dans la nuit du quatrième jour, je ne peux plus dormir tant j'ai mal. J'ai mal comme si mon corps essayait désespérément d'expulser un intrus, mes entrailles se contractent autour de quelque chose, en vain. J'ai mal, j'ai mal, j'ai mal. Je me tords dans mon lit, encore et encore. Quand le soleil se lève, je vais chercher ma mère en pleurant. C'est encore un aveu de faiblesse. Je ne supporte même pas les suites d'une simple opération, alors que tout le monde y parvient ? Pourquoi ai-je toujours aussi mal ? Pourquoi suis-je toujours aussi faible ? Mon esprit se brise encore un peu plus. Je lui dis que je n'en peux plus, qu'il faut qu'elle me ramène à l'hôpital. Elle me dit qu'elle doit aller travailler, que c'était son dernier jour de repos. Je pleure, j'ai si mal. Encore une fois, elle décide de me faire confiance et me ramène à l'hôpital au petit matin. Je suis assez mal reçue.

« C'est normal d'avoir mal après une telle opération. » « Tiens, un Doliprane. » « Ça va passer avec le temps. » « Tu dois être plus sensible à la douleur, mais ça va aller. »

Alors j'attends, mais j'ai trop mal. Je sens que ce n'est pas normal. JE SENS QUE CE N'EST PAS NORMAL. Pourquoi pense-t-on que souffrir est normal ? Ça ne devrait pas l'être. Je leur demande d'appeler mon gynécologue, la personne qui m'a opérée, pour qu'il vérifie. On me dit qu'il est parti en vacances, qu'il ne peut pas venir. Alors quelqu'un d'autre ? Personne ne vient et les heures passent. Finalement, au bout de six heures à me tordre et à me faire juger par quatre infirmières, et ma mère, à côté de moi, qui continue de me tenir la main, qui me croit, encore et toujours, il apparaît. Il enlève son manteau de ville devant moi, il a l'air contrarié. Je l'ai attendu tellement longtemps que tout ce que je ressens, c'est du soulagement. Il n'a pas sa blouse de médecin, mais me palpe le ventre. Il semble prendre ma douleur au sérieux. Deuxième soulagement. Il relève ses yeux vers les miens, fatigués, lassés, et me dit :

« *Je crois que votre stérilet s'est planté dans une de vos parois utérines.* »

Ah !

J'étais donc en train d'accoucher un stérilet ! En effet, il m'explique que lorsque l'on pose un stérilet pendant une opération, celui-ci a plus de chance de « migrer ». Et de perforer les muscles de l'utérus. Ces muscles essayaient donc de l'expulser et se contractaient, me faisant atrocement souffrir. Je regarde les infirmières avec colère, même si finalement, elles n'y sont pour rien. Je ne dois pas être la première fille qu'elles voient se plaindre et penser que c'est pour rien. Je pense qu'après toutes ces fois où l'on m'a dit que c'était normal de souffrir, et qu'en fait non, je pouvais désormais déduire que ma douleur n'était pas une projection chimérique, mais bien mon corps qui m'expliquait qu'il allait mal. Et que j'étais obligée de l'écouter. Envers et contre tous. Le chirurgien me dit qu'il n'y a pas de salle disponible et qu'il va être obligé de me le retirer là, directement dans la chambre d'hôpital. Je m'en moque complètement, je veux juste que ça s'arrête, et vite. J'écarte les jambes, il les relève. Il a l'air assez mal à l'aise et me dit qu'il n'y a pas assez de lumière et qu'il ne voit rien. Il est alors obligé de faire appel à une infirmière pour qu'elle colle son téléphone portable contre ma vulve afin que sa lampe torche éclaire mes parties intimes. Je ne sais pas s'il fallait que j'éclate de rire ou je pleure. Dans le doute, je rigole. Ce n'est pas tous les jours qu'on a un téléphone portable en guise de lampe-torche qui illumine son vagin tel une rockstar et un chirurgien du seizième arrondissement, la main enfoncée dans les cavités à la recherche d'un trésor maudit tel Indiana Jones. Ça me fait un peu mal, mais dès l'instant où il retire le stérilet possédé, je ressens un soulagement infini. Il y a un peu de sang, mais je respire à nouveau. Mon utérus a cessé de se contracter. Je me sens bien.

Je me dis aussi que je dois avoir un sacré karma pour que ce genre de choses m'arrive sans cesse.

Le deuil

J'ai deux semaines de convalescence et je m'ennuie. J'ai toujours adoré les jeux vidéo, au même titre que les livres, ils me permettent d'oublier la vie l'espace d'un instant. Tout est possible dans un jeu, comme tout est possible dans un livre. On y trouve tellement plus que dans la vie réelle. J'ai plusieurs souvenirs marquants qui relient les jeux à mon endométriose. Le tout premier est à onze ans, quand mon grand frère, de trois ans mon aîné, s'est mis à jouer à *Final Fantasy X*. C'était un univers incroyable, peuplé de couleurs, de beauté, de sacrifice, d'amour, d'actions, de poésie. Cela m'a tout de suite rappelé mes livres, mais cette fois, je n'avais pas à les imaginer, les images sublimes défilant devant mes yeux d'enfant. Au départ, je n'y jouais pas, mais je passais des heures entières à regarder mon frère le faire. J'étais totalement fascinée, incapable de détacher mes yeux de l'écran. À cette époque, mon grand frère ne parlait pas beaucoup, il était plutôt renfermé sur lui-même, mettant des barrières entre lui et les autres. Alors ces heures passées assis, l'un à côté de l'autre, à regarder ces personnages évoluer et à s'émerveiller ensemble, furent des moments précieux de mon adolescence. Encore plus lorsque j'avais mes règles et que je cherchais désespérément une échappatoire face à ces moments sombres. Moi qui restais cloitrée chez moi durant des jours, je pouvais simplement m'assoir à côté de lui pour observer un monde plein de merveilles grandir devant mes yeux, et parfois, j'en oubliais tout. C'est comme ça que j'ai commencé à aimer les jeux vidéo, d'un amour un peu désespéré. Parfois, il se passait tellement peu de choses dans ma vie que mes souvenirs étaient plus remplis des musiques et des images qui passaient sur l'écran que celles de la réalité. Alors quand j'ai eu ces deux semaines de convalescence, sans rien pouvoir faire d'autres que rester allongée ou assise, j'ai joué, encore. Et pour la première fois, je me suis dit que ça pourrait être sympa de partager ça avec d'autres personnes. J'ai connu le « *streaming* » en regardant des rediffusions sur *YouTube* de certains grands « *streamers* » français. Le *streaming*, c'est quoi ? Ce sont des gens qui se filment en train de jouer à des jeux vidéo et partagent en direct leur expérience via internet, en parlant aux gens qui les regardent via un chat. Voir ces personnes s'amuser, rigoler, partager de bons moments en jouant à des jeux me rappelait les sensations que j'avais lorsque je regardais mon frère jouer, à l'époque. Ces personnes qui ne me connaissaient pas m'ont aidée plus qu'ils ne l'imaginent, à surmonter ces moments difficiles de maladie, la solitude, l'ennui, l'incertitude. Ils ne me connaissaient pas, mais m'apportaient des sourires et des rires, c'était sincère et doux. Alors je me suis dit : « *Pourquoi je ne tenterais pas l'expérience, moi aussi ?* » Je me disais que ça me permettrait de sortir un peu de ma bulle, ou tout simplement de passer le temps. J'ai streamé une semaine seulement, car j'ai dû rapidement reprendre la fin de mes cours, et surtout comme j'étais une fille, le public plutôt masculin de *Twitch*, la plateforme de diffusion, m'a rapidement agacée. Et surtout, je n'avais plus l'envie : j'avais subi cette opération pour rien ; sans contraceptif, l'endométriose est revenue aussi rapidement qu'une bourrasque, balayant mes maigres espoirs d'avoir un jour une vie ordinaire.

J'étais donc diplômée, mais je ne pouvais pas travailler. Chaque mois qui passait était pire que le précédent, l'endométriose s'engouffrant dans mes lésions à peine cicatrisées. Qu'allais-je devenir ? J'ai dû demander le RSA, ce qui me semblait vraiment dégradant à la vue de mes grandes études, moi qui étais censée conquérir le monde.

Ma famille, à part ma mère, ne comprenait pas et me jugeait. J'étais un parasite de la société. Moins que rien. Je ne servais à rien. Je n'avais pas d'argent. Je ne faisais rien de mes journées. J'avais mal. J'étais triste. J'ai dû pleinement faire le deuil d'un travail avec des horaires de bureau, car la maladie m'handicapait trop. Je passais des heures et des heures pliée dans mon lit. J'avais l'impression d'avoir joué et d'avoir perdu, d'avoir fait le tour de la carte et d'être revenue au point de départ, avec rien dans les poches. Tout ça pour ça. Ça faisait mal. Je me suis laissé un moment bercer par ma morosité, je continuais à regarder des streamings pour me remonter le moral, lire des livres, regarder des séries. Et puis un jour, j'ai vu passer une annonce pour un concours d'écriture. Car malgré tout, je continuais de vagabonder sur des sites d'emploi, en postulant aux offres proposant du télétravail par exemple. L'annonce concernait l'écriture d'un « *visual novel* », qu'est-ce que c'est, me direz-vous ? C'est assez simple : il s'agit d'un jeu de drague pour filles. En plus détaillé, il s'agit de jeux de rôle mélangeant le style simulation et roman photo dans lesquels la joueuse incarne en général une jeune fille qui se retrouve dans une quelconque situation professionnelle ou étudiante, pendant laquelle elle va faire la rencontre de tout un tas de jeunes hommes qui, mystérieusement, tomberont tous amoureux d'elle. Le but du jeu c'est donc d'avancer dans l'histoire en prenant tout un tas de décisions qui auront chacune une conséquence sur l'évolution de sa relation amoureuse avec telle ou telle personne. Le choix A donne suite à un rapprochement, tandis que le choix B entraîne un éloignement. Un peu comme dans « *Un livre dont vous êtes le héros* ». Je dois bien avouer que je ne connaissais pas ce genre de jeux avant de tomber sur cette offre. Il s'agissait exclusivement de jeux pour téléphone portable et la rémunération était intéressante. Pour obtenir le poste, la maison d'édition en partenariat avec les réalisateurs du jeu avait mis en place un concours pour sélectionner le ou la candidate idéale. Qu'est-ce que j'avais à perdre ? De toute façon, je ne faisais rien de mes journées, et j'avais toujours écrit pour le plaisir. Toutefois, écrire un *visual novel* et un roman lambda n'était pas du tout la même chose. Déjà, j'avais un script à respecter, des personnages préconçus et surtout un style d'écriture très particulier à maîtriser : il fallait insérer dans le jeu de nombreux choix qui découlaient sur des situations différentes. Un vrai casse-tête. Mais j'étais motivée à faire ce que j'avais toujours réussi à faire : m'adapter et m'en sortir. Je me le devais. Je devais trouver une solution, je devais m'aimer à nouveau en effectuant un travail qui me plaisait et me permettrait de subvenir à mes besoins. Je pouvais le faire. J'ai donc participé au concours et gagné. Ils m'ont donc embauchée pour écrire le prochain roman, et même s'il ne s'agissait pas d'un CDI, même si j'allais être rémunérée uniquement à la fin de mon travail, j'avais un peu d'espoir. En fait, j'étais extatique. Je savais que ça allait être dur, mais au moins, j'allais m'en sortir. Une fois de plus. Et même si je passais cinq heures à souffrir dans la journée, je pouvais passer le reste du temps à écrire. La nuit, le matin, le jour, l'après-midi... Quand j'allais bien.

Je savais qu'à part si des chercheurs trouvaient un nouveau remède miracle à l'endométriose, j'allais devoir faire le deuil d'un travail classique. Je savais que même si j'avais fait de nombreuses années d'études pour obtenir ce genre de postes, ils n'étaient pour le moment plus à ma portée. Tant pis. Il fallait aller de l'avant, même si c'était dur. Il y a eu de nombreux moments dans ma vie où je suis restée figée, incapable d'avancer. Et je sais que dans le futur, à nouveau, j'aurai des périodes semblables, immobile dans le froid, en proie à l'incertitude, la douleur. Et j'espère qu'à cet instant-là, encore une fois, je trouverai une solution. Et même si des fois je suis en colère, j'ai envie de briser des murs, de m'enfouir sous ma couette et de ne jamais en sortir, même si des fois je désespère...

On se doit de toujours essayer. Pour soi. Toujours pour soi.

On n'a pas le choix.

UN NOUVEAU MÉDICAMENT

Il y a eu de nombreux moments dans ma vie où j'ai totalement mis de côté la maladie, mon corps, mon bien-être. Après des années à errer d'hôpital en hôpital, de salle d'examen en salle d'examen, parfois je vivais une année entière en ignorant totalement l'endométriose. Ce n'est pas parce que je l'ignorais qu'elle n'était pas là, que je n'avais pas mal, qu'elle ne ruinait pas mon quotidien.

Simplement, je décidais de ne rien faire contre elle. Je décidais d'encaisser sans bouger, de fermer les yeux, je refusais de faire des efforts. J'en avais marre, marre de devoir la voir, de devoir subir des contrariétés, de lutter. À l'heure où j'écris ces mots, je suis encore dans une de ces phases d'immobilisme. Il y a une raison à ça : les déceptions. Presque à chaque fois que l'on m'a prescrit un traitement, il y a eu des problèmes. Les hormones ne sont pas des médicaments comme les autres, elles influent sur tout : la santé mentale, le poids, la fatigue. J'écrivais mes histoires d'amour et je souffrais. Celle qui m'a toujours poussée à ne pas mettre la maladie de côté comme un tas d'ordures qu'on ne regarde pas délibérément, c'est ma mère. J'étais sur Paris et un nouvel hôpital avait ouvert une branche spécialisée sur l'endométriose. J'ai pris rendez-vous : j'ai attendu six mois. C'est incroyable qu'une maladie telle que celle-ci soit si peu prise en charge. Que ce soit par les assurances santé, que ce soit par les médecins généralistes, les hôpitaux, tout le monde ignore le tas d'ordures, comme moi je l'ai fait. Une femme sur dix, atteinte à différents stades. Des centaines de milliers de femmes handicapées dans leur vie, infertiles. Et personne pour les soigner. On est toutes obligées de prendre rendez-vous chez des médecins qui n'y connaissent rien dans l'attente qu'un hôpital veuille bien nous prendre en charge. Sans traitement. Sans traitement, ça signifie avec des règles, ça signifie que l'endométriose gagne du terrain, qu'elle monte dans notre corps sans que rien ne l'arrête. On est livrées à nous-mêmes. Il faut que ça change. Il faut que l'on comprenne que l'endométriose est restée bien trop longtemps une maladie silencieuse, choisissant ses victimes dans l'ombre, et corrompant la vie de tant de femmes sans que personne ne s'en soucie. Une maladie qui a des milliers d'années d'existence, qui pourrit la vie, qui empêche la vie, et personne semble vraiment s'en soucier. Prendre une pilule ? Ça ne guérit pas et ça peut être un poison. Alors on fait quoi ? Mon expérience la plus récente vis-à-vis de l'absence de traitement viable concerne l'*Androcur*.

Après avoir attendu six mois dans la souffrance pour avoir un rendez-vous à l'hôpital, j'ai fini par m'y rendre, lasse, sans trop d'espoir, il fallait juste que je le fasse parce que c'est ce que font les gens malades. J'ai été reçu par une jeune médecin qui m'a demandé mon parcours, une énième fois, et qui a fini par me prescrire un duo de médicament : *Androcur* et *Provames*. Elle m'a dit que je n'aurais pas tous ces effets secondaires qui m'ont détruite par le passé. C'était un traitement doux, faiblement dosé. Je me suis encore une fois laissée aller à l'espoir. Et ça a marché. Pendant presque un an, je n'ai pas eu mes règles, et même si au début du traitement j'ai eu des maux de tête terribles et des changements d'humeur dérangeants (je pleurais devant des publicités), j'ai fini par m'y faire. J'ai aussi arrêté mon boulot d'écrivain : après avoir écrit plus d'un million de mots pour des histoires d'amour sans saveur, j'avais atteint le point de non-retour niveau inspiration. J'ai également arrêté parce que j'ai recommencé à streamer, mais plus sérieusement cette fois. Et c'est devenu mon activité principale, ma plus grande source de joie et de fierté, mon univers tout entier. Je jouais à des dizaines de jeux, entourée de gens bienveillants, j'ai rencontré des amis, j'ai voyagé, j'ai participé à des évènements, j'ai été insouciante, à nouveau. Dans mon malheur, le destin m'a toujours aidée à relever la tête. À trouver un moyen de m'en sortir. Je gagne désormais ma vie à jouer, rire, pleurer, vivre. Je peux choisir de travailler à n'importe quelle heure, n'importe quel jour. Je ne sais pas combien de temps durera cette accalmie, mais je suis heureuse. Et je sais que la plupart des femmes atteintes comme moi d'un stade avancé d'endométriose n'ont pas cette chance. La chance de pouvoir gagner leur vie. Et je ne sais pas moi-même si je pourrais faire ce que je fais longtemps. Peut-être me retrouverais-je à nouveau malade et sans argent, c'est même probable. Donc j'en profite, tant que je peux. Si j'ai pu y aller à fond, c'est notamment parce que j'étais sous traitement. Je n'avais pas mes règles. Et là, un jour comme les autres, je reçois un courrier de l'hôpital :

« Nous sommes dans le regret de vous informer que vous devez mettre un terme à votre traitement basé sur l'Androcur.

Ce médicament n'est plus autorisé à être prescrit dans le cas d'endométriose, car il entraîne une augmentation des risques de tumeurs bénignes au cerveau. Si vous le prenez depuis plus d'un an, merci de contacter votre généraliste afin d'effectuer une IRM cérébrale de contrôle. »

Boum, boum,

Boum, boum,

Mon cœur s'affole. Le couperet tombe. Une nouvelle fois, on m'avait déçue.

Une nouvelle fois, c'était du poison.

Du jour au lendemain, on me demandait à nouveau de réduire à néant le petit équilibre que j'avais réussi à créer. Avec l'*Androcur*, j'étais loin du paradis, mais je pouvais faire des choses, même si j'avais mal je n'étais pas pliée en deux pendant des jours, incapable de la moindre action. Alors au départ, j'ai refusé d'arrêter. J'en étais arrivée à un stade où je préférais avoir des tumeurs au cerveau plutôt que mes règles. Je me disais que je pouvais sûrement essayer de subtiliser quelques mois d'accalmie face au destin. Mais après le premier courrier, j'en ai reçu un autre. J'ai dû me rendre à l'évidence : il fallait que j'arrête. Et le pire, c'est que lorsque j'ai voulu reprendre rendez-vous pour savoir ce qu'il allait advenir de moi, quel traitement pouvait le remplacer, on m'a dit que j'allais devoir attendre six mois, qu'ils étaient submergés. Dans quelle stratosphère des médecins disent à une patiente gravement atteinte d'arrêter son traitement, car ledit traitement qu'ils lui ont eux-mêmes prescrit donne des tumeurs au cerveau et ne lui proposent pas immédiatement un rendez-vous pour arranger la situation ?

J'ai donc à nouveau mes règles, et j'ai mal, si mal, à en perdre la tête. Car quand cela fait dix ans qu'on encaisse, parfois, c'est le cerveau qui craque, qui se fissure. Je ne peux même pas faire mon travail comme je le souhaiterais, j'ai l'impression d'échouer, d'être à nouveau cette petite ombre dans un coin. Quand je vois mes amies, qui font le même métier que moi et qui semblent pouvoir affronter des montagnes, enchaîner des heures et des heures, avec le sourire, sans la moindre contrariété, avec un optimisme inébranlable, je les envie. Ça me ronge. J'ai l'impression d'être un fantôme en comparaison. Une flamme qui ne peut rayonner que quelques heures avant de s'éteindre pour des jours et des jours.

Et encore une fois, je suis dans cette impasse où je n'ai absolument plus envie de me battre, où j'essaie d'oublier sans succès que je suis malade, où je pleure, où je faiblis, un peu plus encore, parce qu'après avoir essayé mille et un remèdes, après avoir été ouverte, brûlée de l'intérieur, altérée, mise au fond du gouffre, je n'ai toujours pas de solution.

Aujourd'hui, je suis à nouveau au point de départ.

Aujourd'hui, c'est comme si j'avais dix-huit ans à nouveau et que l'on m'apprenait que j'avais de l'endométriose.

Presque dix ans sont passés, et pourtant, j'ai fait le tour sans voir le panneau « Arrivée ».

NOËL 2018

Je tiens cette petite fille de six mois dans les bras. Et à cet instant, elle est la chose la plus merveilleuse que j'ai jamais vue. Ma cousine et moi avons exactement le même âge. Nous avons été élevées ensemble et avons été proches. Et aujourd'hui, elle a une petite fille. Un bébé. Un petit être humain. Une part d'elle qu'elle a donnée au monde.

Et je me rends compte à ce moment-là que je ne serai probablement jamais capable d'avoir ce bonheur moi-même. Pour la première fois en vingt-sept ans, je me dis que je suis seule et que je le resterai. Que jamais je n'aurais ce petit bout de moi lancé à la face du monde. Jamais je n'aurais de petite fille. Jamais je n'aurais d'enfant.

En plus, c'est une fille. Elle a de grands yeux bleus, ceux que j'aurais aimé avoir. Elle me regarde avec une intensité bouleversante, alors même qu'elle ne comprend rien. Elle ne sait pas que dans un sens, j'aurais aimé être sa mère. Que dans un sens, j'aurais aimé être elle. J'aurais aimé être un enfant qui vient de naître et qui a encore toutes ses chances. Une petite fille sans aucun problème, qui rêve de rencontrer le prince charmant et d'avoir de beaux enfants avec lui. Je lui souhaite en un seul regard de ne pas être comme moi. Une femme jeune, mais fatiguée, jeune, mais avec le cœur brisé, jeune, mais qui a perdu tout espoir d'avoir un jour dans ses bras quelqu'un qui lui ressemble. Je l'aime déjà pour tout ce qu'elle représente, mais elle ne le sait pas. Les autres non plus d'ailleurs. C'est entre elle et moi. C'est notre petit secret.

Et je ne pense qu'une chose : que je l'aime, et que je lui souhaite un destin différent du mien, avec plus d'insouciance, plus de bêtises, plus de désinvolture. Qu'elle volera au milieu de la vie sans poids à ses pieds, sans soucis dans sa tête, et que personne ne la cassera jamais.

Et pour toutes celles qui, comme moi, n'ont pas eu cette chance, je leur souhaite de se battre, de trouver le bonheur envers et contre tout, mais aussi parfois d'avoir le droit de baisser la tête et pleurer, d'abandonner, le droit de ne plus pouvoir, le droit d'avoir de l'aide, le droit d'être reconnues, le droit de ne plus être ignorées.

Parce que nous sommes une fille sur dix.

Et que nous existons.

FIN

Remerciements

Merci à Guile93 pour l'aide apportée à la couverture.
Merci à Camille S. pour les relectures et corrections.
Merci à ma mère d'avoir toujours été là pour moi.

Printed in Great Britain
by Amazon

47928173R00047